COUP D'OEIL

SUR L'ÉTAT ACTUEL

DE NOS RAPPORTS POLITIQUES

AVEC

LES ÉTATS - UNIS

DE L'AMÉRIQUE SEPTENTRIONALE.

COUP D'OEIL

SUR L'ÉTAT ACTUEL

DE NOS RAPPORTS POLITIQUES

AVEC

LES ÉTATS - UNIS

DE L'AMÉRIQUE SEPTENTRIONALE;

PAR JOSEPH FAUCHET,

Ex-ministre de la République à Philadelphie.

A PARIS,

Chez { POUGIN, imprimeur - libraire, rue des Saints-Pères, n°. 61 ; LARAN, libraire, au Palais-Égalité, n°. 18.

An V. - 1797.

COUP D'OEIL

SUR L'ÉTAT ACTUEL

DE NOS RAPPORTS POLITIQUES

AVEC

LES ÉTATS - UNIS

DE L'AMÉRIQUE SEPTENTRIONALE.

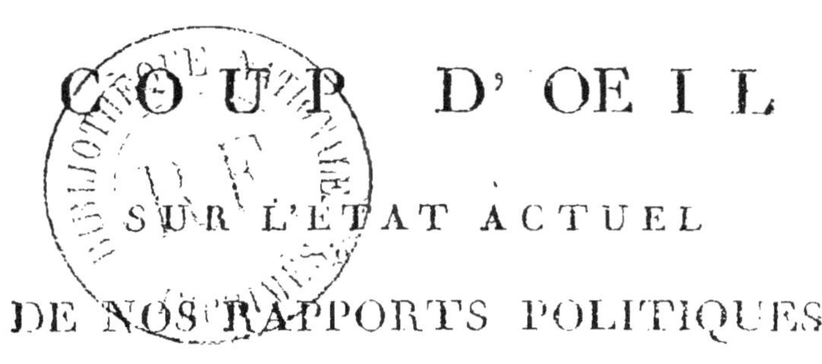

LES événemens politiques ont, comme les phénomènes naturels, leurs phases successives et leurs progrès. L'art d'observer les uns et les autres, d'en suivre les développemens, d'en calculer la fin, constitue la science du physicien et de l'homme d'état : celui-ci n'est jamais si consommé que lorsqu'au calcul des différentes périodes il joint la puissance qui dirige, qui maitrise, et enfin qui fait plier à ses vues, ou neutralise les inconvéniens inévitables par de sages précautions. Tous ceux qui, par leur situation, ont été à même de donner à nos rapports avec l'Amérique quelqu'attention, ont prévu la crise dont nous sommes aujourd'hui les témoins : la force des choses, en effet, l'amenoit de toute nécessité, et rien n'en a retardé l'approche que l'indifférence et l'apathie dans lesquelles les affaires d'Europe plongeoient le gouvernement relativement à cette nation.

On a beaucoup écrit et beaucoup parlé sur cette question. Le seul résultat que j'aie pu tirer de tout ce qui s'est fait à cet égard, c'est qu'on y prenoit quelqu'intérêt, et c'est-là en partie ce qui m'a déterminé à jeter quelques idées dans le public sur cette matière. J'ai peut-être quelque droit de le faire : la nature des fonctions que j'ai remplies auprès du gouvernement américain, ma situation personnelle qui me met à l'abri de tout soupçon, soit d'ambition, soit de partialité pour le gouvernement exécutif, le silence que j'ai gardé jusqu'ici, silence qui convenoit à ma position et aux temps, les allusions indirectes dont mon administration a été l'objet, tout m'invite à prendre la plume avec la conviction intime que je la tiendrai sans foiblesse comme sans passion.

Des passions ! Pourquoi en porterai-je dans une semblable discussion ? Seroit-ce par les rapports que j'ai eu avec les hommes ? Ces rapports ont été aussi impartiaux de mon côté, qu'ils le furent jamais de la part d'aucun de mes prédécesseurs, et de cette impartialité a dû résulter une réciprocité d'égards envers moi, qui n'a dû laisser dans mon ame aucun ressentiment à satisfaire. Je défie la calomnie de contredire ces assertions. Le président Washington m'accorda toute l'estime qu'il ne pouvoit refuser à un homme incapable de composer avec les ennemis ouverts ou cachés de sa patrie. J'ai joui, dans des temps critiques, et sous un état de choses dont il étoit difficile de soutenir au-dehors les reflets défavorables, d'autant de consi-

dération dont jouît jamais aucun ministre de
France. Quant aux attaques ouvertes ou col-
portées sous le manteau dont j'ai pu être l'objet,
elles ne sauroient me passionner davantage ; je
sais trop de quelle valeur sont les opinions dans
des temps comme ceux où nous vivons. L'esprit
de parti fait et détruit les réputations ; les
proxénètes de la cour de Charles II sont vantés,
par les écrivains de leur parti, comme des pro-
diges de vertu. Un homme assez éclairé pour
avoir une opinion, assez fort pour la soutenir,
doit en partager les chances ; il seroit aussi
lâche à lui de s'y soustraire, qu'au soldat de
fuir le danger de la troupe dans laquelle il est
encadré.

Un orateur, qui jouit d'une réputation pro-
portionnée à l'importance dont son parti le
suppose (1), s'est permis, sur mon prédécesseur aux États-Unis, une censure qu'il paroît
avoir eu l'intention de me faire partager. Il ne
connoît ni mon personnel, ni mon administration ; son discours est d'une pièce : il a pris ses
réflexions sur les hommes, aux sources où il a
puisé ses argumens sur les choses. Je pourrai
peut-être, dans le cours de ce travail, le con-
vaincre qu'on l'a trompé sur les dernières ; s'il
en tire la conséquence qu'il a pu être déçu
sur les personnes, je m'en féliciterai pour le
citoyen Genet, mon prédécesseur, sur lequel
il fait plus directement porter son animadver-
sion ; et comme celui-ci est absent, et que
l'opinion du député de Paris peut ne pas lui

----

(1) Le citoyen Pastoret.

être aussi indifférente qu'à moi, j'aurois du moins contribué à rectifier, à son égard, les idées d'un homme qui, sans intérêt pour le flétrir, ne peut en avoir aucun à persister dans une injustice qu'il a commise de confiance.

Les personnes qui ont pris la peine de me faire une réputation d'inactivité, seront étonnées de me voir paroître en public. Je serois fâché que cet ouvrage pût changer leur opinion à mon égard ; je craindrois qu'ils y vissent des symptômes de cette activité dont je suis peu jaloux, et qui consiste à tirer parti de ses facultés physiques, à se montrer par-tout en se multipliant pour ainsi dire ; je ferai ensorte de prouver que le repos peut s'allier avec l'étude, et qu'on peut avoir pensé sans avoir beaucoup parlé ou beaucoup écrit.

———

Il y a des circonstances, dans les rapports des nations entr'elles, où les gouvernemens ne peuvent plus s'entendre, et où il devient nécessaire de recourir à des moyens extraordinaires d'explication, souvent même aux cruelles extrémités de la guerre. Notre position actuelle, avec les États-Unis, paroît, au premier coup d'œil, avoir tous les symptômes de cette fâcheuse alternative. Cependant il ne faut pas se méprendre sur ces signes extérieurs. Quelle que soit l'aigreur qui a présidé jusqu'ici, de part et d'autre, aux offices ministériels et aux manifestes, il y a encore un point de contact ; c'est l'intérêt

commun qui réprouve une rupture. En ana-
lysant rigoureusement les actes des deux par-
tis, on voit néanmoins que la modération est
du côté du Directoire exécutif.

Il suffit de lire les notes qu'a signées le
secrétaire d'état, M. Pickernig, depuis son
entrée au ministère, pour avoir la certitude que
le cabinet américain a parcouru, à notre égard,
du moment où les discussions ont commencé
à devenir sérieuses, tous les degrés du plus
profond mépris ; il a passé successivement
d'une légèreté indécente au ton de l'insulte :
ton qui règne, d'un bout à l'autre, dans le
volume qu'il a adressé à M. Pinckeney, sous
le titre de dépêches, et que ses agens, à Paris,
ont fait traduire et circuler avec profusion.
Le Directoire s'est borné à agir, et nous ver-
rons jusqu'à quel point il a eu le droit de le
faire. Les notes passées à Paris directement,
n'ont rien que de froid et de calme : celles
passées aux États - Unis auroient pu être
mieux adaptées aux circonstances et aux lo-
calités, au gouvernement au nom duquel elles
étoient émises ; mais elles ne s'écartent cependant point de la décence et de la modération.

Il ne faut pas s'y tromper ; M. Pickernig,
en signant le dernier office du 16 juin 1797,
a prévu qu'il trouveroit à Paris des défen-
seurs ; il savoit, ce que lui écrivoit postérieurement, de Paris, M. Pinckney, que les nouvelles élections donneroient en France une
nouvelle tournure aux choses (1) ; et que son

____

(1) Rapport de **M.** Pinckney au secrétaire d'état,
sur sa réception à Paris.

(8)

manifeste arriveroit à temps pour seconder les dispositions de quelques hommes qui n'attendoient que ce moment pour rompre le silence. Il est fâcheux que les passions soient telles aujourd'hui, qu'on ne répugne pas à prendre pour texte d'une dénonciation contre la branche exécutrice du gouvernement, une dépêche qui porte tous les traits d'une profonde inimitié ; il est plus fâcheux encore que l'on croie, dans ces matières, pouvoir isoler la partie contentieuse de la partie déclamatoire ; et que négligeant entièrement la première, qui est la plus importante, on se livre, sans réflexion comme sans mesure, à la seconde. C'étoit déjà une question bien importante à résoudre, que de savoir si on avoit le droit d'agiter une pareille question. La démarche une fois hasardée, il falloit au moins la soutenir par une connoissance approfondie de la matière qu'on avoit à discuter.

Au surplus, quels que soient les motifs de ces motions étranges, le Directoire n'en est pas moins à la veille d'entrer en négociation sur les différens points qui sont en contestation avec le cabinet de Philadelphie : on sent bien les désavantages qu'il aura dans cette négociation, d'après ce qui s'est passé dans les conseils ; mais, abstraction faite pour le moment, des chances de succès que peuvent avoir les deux parties, il seroit important de fournir, à ceux qui s'intéressent à cette transaction, des moyens d'en apprécier la conduite et les résultats : c'est le but de cet écrit. Nous allons d'abord parcourir sommairement nos griefs, et en examiner la valeur.

Ce seroit outre-passer les bornes convenables à un ouvrage destiné pour le public, que d'entrer dans la minutieuse énumération des torts que la France reproche au gouvernement féodal. On peut voir cette énumération très-au long dans la dépêche de M. Pickernig à M. Pinckney, dont il a été question. Nous dirons donc que nos plaintes portent d'abord sur l'inexécution et la violation des traités. Quels sont les traités qui lient l'Amérique à la France ? Tout le monde les connoît : c'est un traité d'alliance offensive et défensive, et un traité d'amitié, de navigation et de commerce, signés tous les deux le même jour. Ces traités sont les premiers pactes que les États-Unis aient signé comme nation. Ils constituent donc, pour la France, des droits antérieurs à tous les droits que d'autres nations auroient pu postérieurement acquérir, d'après l'axiôme du droit des gens, qui donne aux traités les plus anciens, l'autorité sur les plus récens, tant qu'une guerre n'en a point opéré la rupture. La France, par ces traités, ne s'est réservée aucuns des avantages que la position des États-Unis eût pu la porter à exiger ; elle s'est bornée à y consacrer les stipulations, pour ainsi dire, banales, qui font le texte de tous les traités de cette nature ; et le bénéfice qu'elle pouvoit s'en promettre venoit moins de la valeur intrinsèque des stipulations elles-mêmes, que la priorité qu'elle avoit acquise sur les autres états. Le traité d'alliance étoit, à coup sûr, obligatoire pour les Américains, malgré le changement survenu dans notre gouvernement, quoi qu'en aient pu écrire, dans les deux mondes, des hommes vendus à la Grande-Bretagne, et aveuglés par des haines personnelles contre l'immortel négociateur de ce traité (1). Nous n'avons point exigé l'exécution de ce traité, quoique le *casus fœderis* ait existé dans toute sa plénitude. Cette modération de notre part devoit au moins nous garantir la jouissance des avantages que stipuloit l'autre traité, dans l'hypothèse de la neutralité de l'une des deux parties.

Rien n'atteste plus ou l'imprévoyance ou la bienveillance excessive de nos négociateurs pour les Etats-Unis, que les principes qu'ils ont consacrés dans ce traité, relativement à cette hypothèse. Il étoit facile de prévoir que la réciprocité ne pourroit avoir lieu de long-temps, car il n'est pas facile de concevoir une combinaison de choses qui, en jetant les Etats-Unis dans une guerre de quelqu'importance, permît à la France de rester neutre. Cependant, si la France ne perdoit point de vue le but vers lequel, depuis un siècle, tous ses plans ont été dirigés, celui de miner la prépotence commerciale de l'Angleterre, elle devoit mettre infiniment de circonspection au traitement qu'elle alloit accorder à un pavillon destiné à devenir le colporteur de toutes les nations commerçantes durant les hostilités; elle devoit prendre d'autant plus de précautions sur ce point, que la ressemblance des mœurs et du langage mettoit beaucoup de

____

(1) Benjamin Francklin.

chances en faveur de l'abus que pourroit faire l'Angleterre, du pavillon Américain et de ses matelots.

Oubliant ces grands intérêts, entraîné par l'idée plus généreuse que politique, de ne se départir, dans aucun de nos traités, des principes de neutralité dont nous nous proclamions les protecteurs, M. de Vergennes traita sur la base libérale de ces principes. Le seul équivalent qui parût nous être réservé, c'étoit la faculté de conduire nos prises et nos corsaires aux Etats-Unis, sans que les officiers locaux pûssent connoître de la validité des premières ; celle ensuite d'y faire relâcher nos vaisseaux de guerre à l'exclusion de ceux de nos ennemis, ce qui, dans toutes les combinaisons possibles des événemens, vouloit dire la Grande-Bretagne et ses alliés. Cette seconde clause contenoit une faveur marquée, et presqu'extraordinaire ; mais elle cessera de le paroître par les développemens qui viendront ci-après.

Pour qui connoît la position du continent Américain, relativement aux Antilles, ce centre de commerce le plus apparent, sinon le plus réel de l'Europe, il paroîtra évident que la permission de relâcher avec nos prises aux Etats - Unis, exclusivement à l'Angleterre, étoit d'un grand prix. L'Angleterre le sentoit aussi bien que nous : aussi, dès que la guerre actuelle menaça d'éclater, employa-t-elle toutes les insinuations pour neutraliser l'exercice éventuel de ce droit. Depuis les hostilités, elle n'a rien omis pour l'entraver. Et enfin, à mesure que les sentimens du cabinet Américain ont pris une teinte plus malveillante, elle a fait des progrès vers le résultat où elle vouloit arriver, celui de rendre ce droit illusoire, et même ruineux pour la France.

En effet, on a vu une foule de prises arrêtées, dans les ports Américains, sous les prétextes les plus frivoles, et livrées à l'examen illicite des tribunaux Américains : c'est particulièrement dans les ports des Etats-Méridionaux qu'on a vu ce scandale. Ces prises détenues, traduites devant des cours dont les formes sont plus ou moins dispendieuses, ont fini par être rendues aux capturés, et souvent par ruiner les capteurs. En supposant que parmi les prétextes dont on s'appuyoit pour tenir une conduite aussi singulière, il s'en trouvât quelques-uns de valables, on auroit dû acquiescer à la demande qui fut itérativement faite, de rendre les chances égales entre les capturés et les capteurs, en exigeant du demandeur, quel qu'il fût, une caution qui mit à l'abri d'une poursuite évidemment injuste. Le gouvernement Américain après nous avoir solemnellement reconnu le droit de conduire nos prises dans ses ports, en permit la vente dans ces mêmes ports. Cette seconde faculté, quoique n'étant que gratuite, tournoit à l'avantage de ses douanes, et sa neutralité n'en demeuroit pas moins entière, car le droit de dénaturer la propriété n'étoit qu'une conséquence de celui de relâcher avec cette propriété; conséquence, aux fonds, assez indifférente aux capturés. Mais les insinuations de l'Angleterre firent bientôt envisager sous un autre jour cette faveur : on résolut de nous en priver. Pour y parvenir, on imagina différens prétextes pour s'emparer de la prise ; à la fin on nous a ôté ouvertement cette faveur.

Les prétextes du gouvernement fédéral, pour connoître des prises françaises, se réduisent à deux ; la capture dans la limite de la jurisdiction, et la capture par un bâtiment armé dans ses eaux. On n'a jamais fait aucune difficulté de reconnoître la justice de la première prétention ; ce seroit contester la souveraineté d'un état que d'élever des doutes sur cette question. La seconde est beaucoup moins raisonnable ; elle n'a été accordée que par une conséquence naturelle de la satisfaction qu'on avoit donnée, sur l'armement des corsaires, aux États-Unis, sous le ministère de Genet ; mais lui donner toute l'étendue que lui donne le gouvernement des États - Unis, c'est afficher une malveillance évidente : on accusoit un corsaire d'avoir été armé aux États-Unis, n'y eût-il pris qu'un vieux mousquet et n'y eût-il ouvert qu'un sabord précédemment fermé.

Au surplus, on donna une preuve de conciliation bien grande en demandant que toutes ces matières fussent rendues du ressort d'une négociation amiable entre le ministre de France et le gouvernement américain : par ce moyen, les intérêts des deux peuples eûssent été mis à couvert, et le traité, qui veut que *les officiers des deux parties ne puissent s'immiscer dans la connoissance de la validité des prises*, eût été respecté. Le gouvernement américain refusa toutes ces ouvertures ; le mobile qui le faisoit agir étoit une condescendance servile pour notre ennemie, et il nous donnoit pour toute raison que ses tribunaux s'étant une fois emparé d'une affaire, il ne pouvoit la leur retirer, ni nous donner à cet égard aucune satisfaction.

C'est là en général le retranchement que le gouvernement nous a constamment opposé. Pour discuter la valeur de ce faux-fuyant, il faudroit d'abord examiner s'il est recevable pour nous qui avons un traité ; si un gouvernement peut opposer des lois intérieures à un pacte politique ; ensuite on demanderoit au gouvernement fédéral, si ce n'est point le subterfuge de la mauvaise foi, même dans le sens de sa propre constitution, si en jugeant de matières qu'un traité formel leur ravit, ses cours d'amirauté ne violent pas la clause constitutionnelle qui porte que *les traités sont la loi suprême de l'état,* une loi pour se servir de l'expression des juristes anglais, supérieure. (*Paramount Law.*)

Sans se proposer ces doutes, le gouvernement américain a marché avec persévérance au but que lui traçoit sa malveillance envers nous, et sa prédilection pour la Grande-Bretagne. Ses tribunaux, influencés par le même esprit qui dirigeoit ce cabinet, n'ont plus gardé de mesure ; la dignité de la République a été compromise en cent occasions, et les armateurs ont été ruinés.

Je sais toute la valeur qu'il faut accorder à cette partie de nos griefs ; aussi mon dessin n'est point d'examiner le degré de faveur que méritent des armateurs comme ceux dont les intérêts ont été compromis aux États-Unis : personne n'apprécie mieux que moi combien il y a peu à s'empresser à risquer des que-

relles sérieuses pour des affaires de corsaires
en général, et pour ceux dont il s'agit en particulier ; mais il en est des gouvernemens
comme des individus : en matière de considération comme d'intérêt, on perd facilement
l'un et l'autre, dès qu'on cesse de se montrer
jaloux de les conserver dans tous les cas.

D'ailleurs il s'agissoit, pour la première fois,
de mettre à l'épreuve des traités qui, jusques-
là, n'avoient pu avoir encore leur application ;
il étoit donc important de veiller à ce que les
interprétations ne remplaçassent pas le sens
littéral, à ce que des convenances ne devins-
sent la source d'une suite de précédens, qu'on
ne manqueroit pas de nous opposer à l'a-
venir.

Quant au droit de relâcher avec nos vaisseaux de guerre dans les États-Unis, il étoit
également constaté. L'exclusion de l'Angleterre ne pouvoit faire la matière d'un doute, d'a-
près les termes dans lesquels l'article XVII est
libellé, afin de ne pas donner à cette exclusion
un caractère qui répugnoit trop à la neutralité ou la restreignit aux vaisseaux qui auroient
fait quelques prises sur nous.

Le gouvernement fédéral, en voulant éluder
ici le sens littéral du traité, s'est embarrassé
dans ses propres commentaires : il a pré-
tendu que cette exclusion ne portoit que
sur les vaisseaux qui entroient avec des prises,
puis sur les prises elles-mêmes. Le ministre
anglais M. Hammond, réclama, au nom de
sa cour, contre cette explication, et l'on ne
sait point encore comment le cabinet américain aura pu concilier ses interprétations

avec les interprétations contradictoires des ministres de France et d'Angleterre.

Si la rédaction de cet article pouvoit offrir l'ombre d'une difficulté, il suffiroit de se reporter aux circonstances et à l'ensemble de la négociation de 1778 pour les lever. Par suite de la loyauté qui en fut la base, M. de Vergennes, pour tranquilliser les États-Unis sur nos vues, et prévenir tous les moyens de désunion et de défiance, articula la renonciation formelle que désiroient les plénipotentiaires américains, à toute possession éventuelle par la France, d'aucun des territoires cédés à la Grande-Bretagne par la paix de 63, sur le continent septentrional de l'Amérique. Cette renonciation étoit absolue : nous perdions par-là l'espoir d'obtenir, par la guerre ou par la négociation, une relâche dans le golfe St.-Laurent ou dans la Nouvelle-Écosse, afin de balancer les facilités que donnoit à l'Angleterre la possession exclusive de tous les ports maritimes du continent. Si l'indépendance des Etats-Unis ne nous eût assuré dans leurs ports des moyens de balancer cette position de l'Angleterre, nous aurions dû songer à tirer parti de la guerre et à conquérir pour notre compte. Notre conduite contraire s'explique par les clauses qui nous assurent dans l'hypothèse de la neutralité des Etats-Unis, la jouissance de leurs ports pour y faire relâcher nos escadres ; sans cela toute la négociation eût été folie de notre part, ce qui n'est pas supportable, d'après les noms de ceux qui furent chargés de stipuler nos intérêts.

Les

Les deux griefs que nous venons d'examiner n'auroient pas , au demeurant , valu la
peine d'entamer des discussions sérieuses, s'ils
eussent été seuls. Si le gouvernement fédéral
se fût conduit d'ailleurs avec loyauté , il nous
auroit offert quelques prétextes plausibles pour
atténuer le tort de sa conduite sur ces deux
points. Un commerce naissant , dépourvu de
toute défense ; le Nouveau-Monde abandonné
au despotisme de l'Angleterre , et , pour ainsi
dire , à sa discrétion , garanti d'une subjection
totale , par des convulsions effrayantes , aussi
terribles que les dangers dont elles diminuoient
les chances ; l'incertitude qui a caractérisé les
premiers événemens de la guerre ; un gouvernement à asseoir , des blessures à cicatri-
ser , un trésor pauvre , une nation sans argent
et sans armée , tels sont les motifs d'intérêt
dont le cabinet américain pouvoit faire usage
pour justifier , dans des explications de confiance , la désertion de ses alliés , et ses ména-
gemens pour l'Angleterre. Mais la malveillance
étoit l'ame de ses actions ; les gouvernemens
ne se règlent pas plus que les particuliers sur
la forme extérieure de la correspondance ; le
sous-entendu est toujours ce qu'on cherche ,
de part et d'autre , à deviner. Le gouvernement américain nous dispensa de la peine de
le faire , en signant avec l'Angleterre et au
milieu des hostilités , sans nous en prévenir ,
en nous promettant , au contraire , de n'en
rien faire , un traité dérogatoire à celui de
1778 , armé de clauses hostiles dirigées contre
nous , et calculées pour la guerre actuelle.

Un politique à qui l'expérience donne le

B

droit d'émettre ses opinions sur cette matière (1) ; un membre du corps législatif qui l'a traitée sans la connoître, ont justifié de prime-abord le gouvernement américain, sur le fait du traité de Londres. Tous les deux s'appuient sur ce que ce gouvernement a eu le droit de faire ce traité, et qu'il ne nous devoit aucun compte de ses démarches. Je ne ferai, ni à l'un ni à l'autre, l'insulte de les croire de bonne foi dans cette manière de raisonner. On a déjà répondu victorieusement à ce moyen ; on peut dire de plus, que le premier des écrivains dont il s'agit, n'ignore pas que c'est une des conséquences immédiates d'une alliance, que les alliés se communiquent les négociations qui pourroient apporter quelques changemens à leur position relative, que c'est ainsi, du moins, qu'en agissent des états jaloux d'être à l'abri du soupçon. Cet écrivain est trop versé dans les négociations de la fin du siècle, et sur-tout dans celles qui ont trait aux mouvemens du nord, dont nous avons vu le dénouement, pour poser sérieusement en thèse générale, qu'un état demeure le maître de changer, comme il lui plaît et sans que personne y trouve à redire, ses rapports extérieurs. On pourroit lui rappeler des circonstances où il a agi d'après des principes bien contraires. Quant aux moyens de tribune, dont l'orateur fait usage sur ce point, ils peuvent, sans inconvénient, demeurer sans réponse ; on ne pourroit les combattre qu'en

____

(1) Le citoyen Ségur, aîné.

les imitant. S'il étoit nécessaire de pousser plus loin la réfutation de ce sophisme, on pourroit dire que si le gouvernement américain a pu négocier le traité, il devoit ne pas nous assurer constamment, à Philadelphie et à Paris, qu'il n'y en auroit point de conclu.

C'est, au reste, une question secondaire que celle que nous venons d'agiter. La première et la plus importante de toutes, au sujet du traité de Londres, c'est de savoir s'il blessoit nos intérêts, et s'il nous étoit permis de parer aux effets nécessaires de cet acte par rapport à nous.

Personne jusqu'ici n'a contesté que le traité ne nous fût défavorable ; les principes de neutralité, qui font la base du nôtre, y sont complètement sacrifiés ; la théorie contraire y est consacrée. Pour rendre cette partie de la discussion plus claire, remontons à quelques principes.

Les prérogatives, dont jouissent les nations neutres en temps de guerre, sont la partie du droit des gens qui prête à plus de contestations. Les neutres ayant un grand intérêt à jouir de la liberté la plus étendue pour leur commerce ; les puissances belligérantes, qui n'ont point une force maritime pour faire des convois, ayant un égal intérêt à ce que leur commerce puisse se continuer sous pavillon neutre pendant les hostilités, on voit que deux espèces de puissances ont dû, de toute nécessité, tendre constamment à donner au trafic des neutres, la plus grande latitude de liberté : aussi voyons-nous tous les traités conclus depuis un siècle et demi, par l'une ou l'autre des deux puissances que nous désignons, contenir des principes extrêmement libéraux à cet égard. Les auteurs, qui ont écrit sur le droit des gens, ont consacré la maxime que la propriété ennemie ne cesse point de l'être sous pavillon ami, et, par conséquent, peut être saisie. Les traités dont nous parlons plus haut, consacrent, au contraire, que le pavillon ami protège la propriété ennemie, et la met hors d'insulte ; c'est ce qu'on appelle communément la neutralité moderne.

De toutes les puissances qui, par leur nature, sont engagées le plus souvent dans les guerres maritimes, la France est celle qui a défendu les derniers principes avec le plus de chaleur. L'Angleterre, dont le commerce, même en temps de guerre, est toujours soigneusement protégé, s'est montrée assez peu disposée à les reconnoître : souvent néanmoins elle les a admis dans plusieurs traités, soit qu'elle y fût forcée, soit qu'elle se proposât des intérêts immédiats comme équivalent de cette condescendance ; mais, quoique ses traités aient pu dire, rarement on l'a vu s'y conformer sur ce point. Dans la pratique, elle s'est toujours attachée à la maxime ancienne, que le pavillon ami ne protège point la propriété ennemie ; lorsqu'elle a suivi une conduite contraire, c'est qu'elle y a été forcée par des ligues capables de lui en imposer, comme en 1780.

Voilà un exposé, dont M. Pickering lui-même, ne contestera pas la loyauté. Je poursuis. La France, en donnant l'exemple de

cette fidélité à maintenir la neutralité moderne, n'a pu cependant la vouloir constamment à son détriment : c'est ce qui arriveroit
si elle seule l'admettoit envers les autres puissances maritimes ; car, dans cette hypothèse,
ses ennemis pourroient charger leurs propriétés sous pavillon neutre que la France seroit
obligée de respecter ; et les ennemis de la
France n'ayant point, avec cette nation, de
traité semblable, les propriétés que la France
pourroit charger sous ces pavillons, ne joui-
roient d'aucune sûreté. A cet égard, on ne
peut accuser le gouvernement ancien d'avoir
commis une pareille imprévoyance. Les puissances qui, dans leurs traités avec nous, ont
stipulé ces principes, les ont également sti-
pulés avec l'Angleterre, d'où il suit que si
l'Angleterre exécutoit ses traités avec ces nations, dans l'hypothèse de leur neutralité,
nous pourrions transporter nos propriétés, en
temps de guerre, sous leur pavillon, comme
l'Angleterre transporte les siennes : aussi nous
avons exigé, dans plus d'une circonstance,
que les puissances neutres, dont le pavillon
étoit insulté à notre détriment, forçassent
l'Angleterre à exécuter ses traités, et à se
conformer aux mêmes principes. C'est ce que
nous fîmes plus particulièrement avec la Hollande, en 1777 : cette réquisition amena la
rupture de cette puissance avec l'Angleterre,
en 1780.

L'Amérique n'avoit point encore de traités
en 1778 ; ceux qu'elle fit avec nous furent,
comme nous l'avons déjà dit, ses premiers
pactes politiques. En consacrant dans ces traités

les principes de *la neutralité moderne* dans toute leur plénitude, nous ne pouvions pas à coup sûr désirer que les États - Unis consentissent, dans leurs traités postérieurs, à des principes contraires : c'est particulièrement la nature de leurs stipulations avec l'Angleterre qui devoit nous embarrasser. Nous ne pouvions désirer que cette puissance pût faire usage de leur pavillon à son aise, tandis que cette faculté nous seroit interdite.

Tel est cependant l'état de choses qui a été établi par le traité de Londres. Les États-Unis ont abandonné explicitement, dans ce traité, la neutralité moderne, d'où il résulte que l'Angleterre peut légalement nous piller sous pavillon Américain, et que nous devons respecter ce qu'elle met sous ce pavillon.

Les principes de neutralité dont il s'agit, s'étendent encore à une partie du commerce des neutres sujette à bien des discussions, c'est la contrebande. D'après l'ancien droit des gens, tout ce qui étoit destiné pour l'ennemi, tout ce qui sortoit d'un port ennemi, étoit contrebande, et plus particulièrement les matières propres aux arsenaux de terre ou de marine, et même les provisions.

On sent tout ce que ce droit barbare a d'incommode et de ruineux pour les nations dont toute la richesse consiste dans l'exportation de ces matières ; aussi sont-ce les puissances du nord qui ont modifié, dans leurs traités, ce droit antique ; aujourd'hui la neutralité moderne ne range dans la contrebande, que les objets propres à être employés immédiatement à l'offensive ou à la défensive, et les matières

qui doivent être ouvrées avant d'y servir en sont
exclues. Les provisions ne sont contrebande
que dans le cas où elles sont portées dans un
lieu bloqué et assiégé ; tels sont encore les
principes de notre traité de 1778 pour ce qui
concerne la contrebande.

Le traité de Londres consacre l'ancien droit
des gens à cet égard ; c'est-à-dire, qu'il est
légal, pour l'Angleterre, de s'emparer de toutes
les matières propres aux approvisionnemens
des chantiers, que pourroient nous apporter
les Américains, tandis que nous devons respecter ces mêmes objets transportés en Angleterre sous même pavillon. Quant aux provisions, on laisse à son arbitraire de déclarer
quand elles sont contrebande, c'est-à-dire,
saisissables, lorsqu'elles seront envoyées en
France ou dans nos colonies, sur bâtimens
Américains.

La différence à coup sûr est frappante, et
cependant c'est-là ce que le citoyen Pastoret
trouve à peine digne d'une légère animadver-
sion. Les désavantages de notre position sont
palpables avec deux traités si disparates.
N'avions-nous aucun moyen légal de réagir
contre un pareil état de choses, et de nous
placer précisément sur le pied où l'Angleterre
se trouvoit établie par son traité ?

Il n'y avoit que deux moyens de le faire.
1°. En provoquant une décision législative,
qui suspendît les clauses de notre traité de
1778, qui consacrent une doctrine contraire à
celle qui se trouve dans le traité de Londres.
2°. Par un simple acte exécutif, on pouvoit
se prévaloir de l'article II du traité de 1778,

qui nous garantit tous les avantages de navigation et de commerce qui pourroient être accordés à d'autres puissances, et mettre, à l'aide de cet article, la république sur le même pied que l'Angleterre. C'est la voie que le Directoire a préféré. Elle est la plus convenable ; elle est strictement constitutionnelle. L'autre auroit donné peut-être plus d'aplomb à son système de représailles, et auroit prévenu bien des clameurs.

C'est ici qu'il faut rendre strictement à chacun ce qui lui appartient. Le Directoire ou plutôt les ministres du Directoire, ont montré, dans cette matière, de l'irrésolution, une connoissance inexacte du sujet qu'ils avoient à manier. On ne conçoit pas comment on a pu rendre un arrêté du 14 messidor, an IV, qui ordonne aux croiseurs de l'état d'en agir envers les neutres comme les Anglais en agissent envers eux. On n'ordonne point à la force armée d'agir dans une circonstance aussi délicate, d'après un système dont on ne lui pose que le principe, et dont le cabinet seul connoît les développemens. Les corsaires savoient-ils comment les Anglais en agissoient avec les neutres ? Connoissoient-ils les jugemens des amirautés de Londres ? En un mot, cet arrêté étoit un texte que le Directoire devoit donner à développer à un ministre intelligent, et s'il avoit à paroître au dehors, il ne devoit sortir que comme une déclaration comminatoire aux puissances neutres, comme on l'a fait souvent dans les guerres précédentes.

L'arrêté du 12 ventôse venu postérieurement,

va plus directement au but, mais il l'outre-passe; le ministre de la justice, à qui d'ailleurs la matière n'appartenoit point, auroit dû se borner à des moyens absolument co-ordonnés à l'objet principal, et non se laisser aller aux insinuations de l'ignorance et de l'intérêt, qui lui ont arraché des clauses qui n'entrent dans un système de représailles sage et mesuré, que pour l'odieux qu'elles y jettent. Le ministre qui a rédigé cet arrêté verra facilement de quel article je veux parler : il n'auroit point dû sur-tout prendre au pied de la lettre l'article relatif aux pirates, qui est, dans le traité de Londres, une clause bannale et imitée d'un article semblable du nôtre ; en somme, je dis de l'arrêté, que le Directoire a bien fait son devoir, mais que les ministres ont manqué le leur. Cet arrêté tel qu'il est, devient la source d'une foule de vexations, qui ne font que nuire au but, et nous prépare beaucoup d'embarras dans la négociation qui va s'ouvrir.

L'arrêté tel qu'il eût dû être, n'auroit excité du gouvernement américain aucune réclamation, ou si ce gouvernement en eût faites, on lui répondoit avec le traité de Londres à la main. Mais aujourd'hui il se plaint que nous allons plus loin que ce traité lui-même, et il est difficile de répondre à cette objection.

Ces aveux paroîtront étrangers à cette espèce d'hommes qui regardent le genre d'affaires que je traite comme leur domaine exclusif, et qui ne voient dans les amis brûlans de la liberté que des êtres passionnés et hors de toute mesure.

J'écris sans le dessein de me faire des amis parmi eux, et mon seul but est de fournir des données aux hommes éclairés et impartiaux, je suis indifférent aux applaudissemens comme aux reproches ; il y a d'ailleurs si peu de situations où l'on puisse dire la vérité, qu'il faut saisir avidement l'occasion de la publier quand elle se présente.

Nous avons examiné nos griefs et pesé les mesures de représailles, adoptées par le gouvernement ; j'aurois pu, à l'appui de mes opinions, citer des fragmens des discours prononcés sur cette matière, dans la session extraordinaire du congrès, mais ce seroit donner dans d'inutiles longueurs ; j'invite le citoyen Pastoret à lire ces discours; il pourra y trouver des modèles de discussion en ce genre, et il apprendra comment on traite ces matières dans un corps législatif. Il me reste à dire quelque chose des circonstances politiques et morales, qui ont préparé, mûri, accéléré la crise actuelle, et à jeter quelques idées sur les moyens de terminer les différens.

C'est un phénomène politique bien étrange au premier coup d'œil, que la France prête à tirer l'épée avec l'Amérique, sa pupille, vingt ans à peine après l'avoir élevée, ou du moins avoir contribué à l'élever au rang des nations. Mais cet événement cesse de surprendre, quand ou voit Louis XIV aux mains avec cette Hollande que Henri IV et Louis XIII aidèrent à sortir triomphante d'une lutte inégale avec la maison d'Autriche, et cette même maison de Bragance qui nous dût le trône de Portugal, se détacher de nous aussi-tôt la paix des Pyrénées. D'où nait donc cette fatalité qui est devenue l'occasion de ce proverbe qui veut que les peuples et les gouvernemens soient ingrats ? La faute en doit-elle être attribuée au bienfaiteur ou au protégé? Les trois événemens qui viennent de fixer plus haut notre attention, expliquent cette énigme. Exigeance de la part de celui qui oblige ; de la part de l'obligé, une roideur dans sa conduite qui nait du soupçon perpétuel qu'on attente à son indépendance, par cela même qu'on pourroit avoir quelque droit à y prétendre ; voilà les deux principes qui, avec la diversité des intérêts, contribuent à rompre les alliances fondées sur des services éminens. Voilà les élémens qui deviennent la base de l'intrigue des puissances qui ont intérêt à diviser les deux alliés.

Cependant en passant des généralités à l'espèce, on ne voit pas que la France ait aucuns reproches à se faire à l'égard des Etats-Unis comme bienfaitrice. Je prends le traité de 1778 ; je n'y vois aucun avantage exclusif en notre faveur, et je suis loin d'en faire un crime aux négociateurs français. Je parcours les rapports des deux alliés durant la guerre, depuis 78 où nous commençâmes à y coopérer, jusqu'en 82 ; je n'y vois rien de notre part qui sente un supérieur qui s'arroge un contrôle sur une puissance subordonnée. La négociation de la paix met le comble à cette loyauté ; l'indépendance des États-Unis est le *sine quâ non* de la paix. Ce préliminaire articulé, les alliés négocient séparément leurs intérêts, en sorte qu'il ne peut y avoir lieu aux plus légères réclamations.

M. Jay (1) a essayé, il est vrai, d'élever des nuages sur cette négociation, et a accusé notre cabinet. Dès 1783, il songea à faire de ces accusations le fondement d'un système de dépréciation et d'avilissement, dirigé contre l'influence méritée, que la guerre nous donnoit en Amérique. Depuis ce temps, ses affidés n'ont cessé de colporter les mêmes calomnies jusqu'à ce qu'enfin le gouvernement fédéral ait jugé à propos de les consigner dans son manifeste du 16 janvier dernier. Mais ces vaines tentatives échoueront contre des faits qui élèvent obstinément la voix contre nos détracteurs. La paix de 83 ne prouve point que la France ait contrarié les intérêts de l'Amérique; elle prouve seulement (et cet incident est dû à M. Jay) que les Américains enfreignirent la loi que s'étoient imposée les alliés, de ne point signer les uns sans les autres. Faut-il faire un crime à la France de n'avoir pas voulu partager avec les États-Unis ses pêcheries de Terre-Neuve ? Est-elle coupable pour n'avoir pas soutenu contre l'Espagne, son antique alliée, des prétentions élevées à son détriment par M. Jay, dans l'unique but peut-être d'avoir un prétexte pour se plaindre ? Si M. Oswald, chargé de traiter avec les Américains au nom de la Grande-Bretagne, a jeté des nuages sur la loyauté de la France dans les négociations, faut-il plutôt croire que la France étoit perfide, que de rétorquer le soupçon sur M. Oswald et sur ses maîtres (2) ?

____

(1) L'un des plénipotentiaires américains à Paris, le même qui a signé le traité avec l'Angleterre en 1794.

(2) Réponse de M. Pickering à M. Pinckeney.

On sait parfaitement démêler aujourd'hui,
dans cette fabuleuse narration, ce qui appartient à son auteur ; sa jalousie contre Franklin,
les piquures qu'avoit reçu son amour propre
à Madrid, les vertiges de ces deux passions
qui devoient troubler l'imagination de M. Jay
par mille fantômes, sont les ingrédiens dont
se compose sa haine contre nous, et les qua-
lités qui l'ont rendu digne de signer le traité
de Londres. D'après cela, on apprécie à sa
véritable valeur cette partie du manifeste du
16 janvier, qui développe notre prétendue
perfidie dès les premiers pas de notre alliance,
et l'on voit aisément tous les fils du ridicule
artifice, au moyen duquel M. Pickering,
inspiré par M. Jay, a espéré donner le change
à l'Amérique entière sur nos plaintes.

J'avoue que depuis la révolution nous avons
des reproches à nous faire. La Convention nationale, au commencement de sa session, vou-
lut acquérir la bienveillance du gouvernement
fédéral, en accusant l'ancien système de perfidie. Ces assertions fondées sur des présomp-
tions, et démenties par des faits ne devroient
jamais sortir de la bouche d'un gouvernement
qui en remplace un autre. On eut tort de consigner la même idée et la même erreur dans les
instructions du ministre Genet, qui ont été rendues publiques aux États-Unis ; et Genet eut cer-
tainement un tort plus grand encore, celui de se
porter à cette publication ; mais ni les proclama-
tions de la Convention, ni les instructions du
ministre ne prouveront contre des faits qu'un
seul mot peut rétablir dans toute leur splendeur.

J'avoue encore, qu'emporté par le torrent

des circonstances , aigri par des résistances
qu'il attribuoit, à juste titre, à une malveillance
secrète jeté hors de toute mesure , par les dangers de son pays , beaucoup plus pénétré enfin
de son but, qu'appliqué à combattre les prétextes dont le gouvernement fédéral s'appuyoit
pour les contrarier , Genet commit des fautes ,
porta l'obstination louable du ministre au-delà
de ce que permettoit sa position , et substitua
quelquefois à la noble fierté qui convient à un
agent attaché à son pays, le langage d'une in-
dignation qui n'est jamais employé utilement
dans des officiers ministériels ; j'avoue, qu'en-
traînés par l'exemple , et aigris par les mêmes
circonstances (1) , nos consuls sortirent quelquefois des limites de la convenance et du
cercle de leurs attributions. Mais y avoit-il
donc là de quoi justifier le systême hostile que
nous avons vu se développer de jour en jour ?
Le gouvernement français , au milieu des plus
grands orages , n'a-t-il pas montré un empressement singulier à satisfaire les griefs légitimes
qui lui ont été communiqués ? La dénonciation
de Genet, par Robespierre aux jacobins, les
ordres cruels lancés contre ce ministre, et qui
ont privé la république d'un de ses plus vrais
amis , n'ont-ils donc pu calmer le feu des ressentimens ? Les comités de salut public, de

---

(1) Je ne prétends point juger les consuls sans appel ;
leurs motifs furent aussi purs que leur patriotisme :
il m'est doux de leur payer ici le juste tribut de mon
estime; et je témoigne hautement ma surprise de voir
le gouvernement laisser leur zèle et leurs talens dans
l'inactivité, tandis que !.... *sed superant* , etc.

l'an II comme de l'an III , n'ont-ils pas respecté aussi religieusement que l'ont permis
et la famine et la guerre sauvage qu'on nous a
faite , la neutralité attribuée aux États-Unis
par le traité de 1778 ? N'est-ce pas enfin au
moment que l'on discutoit à Paris les moyens
de satisfaire à quelques plaintes portées par
leur ministre, M. Monroe, que M. Jay signoit
à Londres le traité qui devoit porter un coup
assez sûr à notre considération et à nos intérêts, pour que M. Pitt, à l'ouverture de la
session suivante du parlement d'Angleterre,
en fît une matière de triomphe? Que les par-
tisans du gouvernement fédéral répondent à
ces interpellations, et on pourra cesser de
croire qu'un levain de haine étoit dans son
cœur , et qu'il saisit avec empressement les
circonstances qui lui fournirent un prétexte
plausible de la démasquer.

Tout prouve, en effet, que ce fut autant la
haine que le sentiment de la foiblesse qui con-
duisit le gouvernement américain dans ses
opérations envers nous. Le général Washington cessa de voir notre révolution d'un bon œil,
dès qu'il la vit frapper la Fayette et le roi,
qu'il aimoit à appeler le protecteur et le père
de sa nation. Tous les hommes qui compo-
soient son conseil, à l'exception de M. Jeffer-
son , tous ceux qui avoient le droit, par leur
réputation et leur ancien service, d'influer sur
ses actes par leur correspondance , excepté les
Moultrie , les *Livingston* , les *Clinton* , et les
Samuel Adams , tous se réunissoient contre
nous , et l'affermissoient dans des intentions

hostiles (1). C'est l'opinion commune que
M. Talon vint à Philadelphie avec une mission

------

(1) Ecoutons un député de Virginie au congrès,
s'exprimer sur cette haine prononcée d'une certaine
classe d'hommes contre la France, et sur le reproche
étrange que fait la faction britannique aux amis
des principes et de la liberté, d'être livrés à l'influence étrangère. « J'entends la calomnie attaquer
l'amendement que je propose ; et parce qu'il tend à
concilier, m'accuser d'être livré à l'influence française : étrange épouventail dont on se sert pour déprécier les opinions les plus désintéressées ; mais, qu'on
articule donc des faits ; qu'on spécifie des rapports
illicites entre un seul membre de cette assemblée et
l'étranger ; qu'on signale les traîtres s'il en existe, et
qu'ils soient punis. On m'accuse d'être trop fortement
attaché à la France. L'histoire de cet attachement est
simple. Au moment où je suis entré pour la première
fois dans cette chambre, la France étoit de tous côtés
menacée d'un démembrement ; comme ami de la liberté, comme citoyen d'un état libre, ne dûs-je pas
éprouver un mouvement de sympathie pour un peuple
à qui des tyrans refusoient le droit de se gouverner ?
Ne devois-je pas l'éprouver, d'autant plus que j'avois
vu mon pays dans une situation pareille ? Est-ce aujourd'hui un mystère que le plan du cabinet de St.-
James de nous attaquer, si la ligue eût triomphé ?
Une autre raison me fit prononcer cet attachement à
la France d'une manière plus forte. Lorsque j'arrivai
à Philadelphie, quel fut mon étonnement d'y trouver, à l'égard de ce qui se passoit en Europe, la plus
complète indifférence ! J'avoue que cette indifférence
me révolta ; j'avoue que j'en frémis, quand je m'aperçus
qu'elle avoit son principe dans une anthipathie assez
peu déguisée contre les formes républicaines. Un sentiment naturel, irrésistible, me fit lutter contre ce
torrent, et je crus devoir manifester hautement des
opinions contraires ». *Discours de* M. Nicholas,
séance du 22 mai 1797 (*v. s.*).

confidentielle

confidentielle du prétendant : il fut admis à
une audience très-particulière du président,
avant l'arrivée du ministre Genet à Philadelphie ; c'est aux insinuations de cet envoyé
qu'il faut attribuer la série de questions sur
laquelle le général Washington demanda l'avis
de ses ministres, et qu'un hasard, fatal au président, a fait sortir du secret où elle auroit dû
éternellement rester (1). M. Hamilton étoit
l'ame de ce système d'inimitié. Et les écrits
dont il inonda les gazettes, sous le nom de
Pacificus, étoient, selon toutes les vraisem-
blances, la justification et le développement
des opinions qu'il émettoit au conseil.

Que pouvoit-on attendre d'une administration aussi évidemment indisposée contre la
République naissante ? Tout ce qu'on a vu
se suivre : une neutralité incertaine, et livrée
à l'influence de l'Angleterre ; quelques ménage-
mens de pure forme arrachés par la bienveillance non équivoque de la nation, mais con-
tredits en réalité par des actes marqués au coin
de la malveillance ; un empressement très-
grand à se prévaloir des circonstances et de
quelques erreurs de nos agens, pour consom-
mer le projet favori de se rapprocher de l'Angleterre, et préparer le triomphe de cette
puissance.

Le seul obstacle qui s'opposât à ce projet
étoit l'attachement prononcé de la nation pour
notre cause : aussi, depuis cinq ans, le gouvernement n'a-t-il rien omis pour nous déprécier

____

(1) *Voyez* les Gazettes de mars ou avril 1797.

C

dans l'opinion. Les gazettes qui sont connues pour être sous sa direction sont remplies d'invectives et de personnalités contre la République et contre ses agens. Le gouvernement de la République, à toutes les époques et sous tous les systêmes, y a été, jusqu'à la date des dernières gazettes, couvert d'opprobre et traité de la manière la plus injurieuse. Si le *Rédacteur* se fût permit, contre le gouvernement fédéral, la centième partie de ce qui se trouve journellement dans *la Gazette des Etats-Unis*, contre le Directoire, le corps Législatif, et, en général, contre la République, il y a long-temps que quelques députés, justement officieux peut-être, auroient fait une motion d'ordre pour en demander raison au Directoire. Un écrivain connu pour être publiquement aux gages de la légation de Londres, publie périodiquement, à Philadelphie, les plus atroces libelles contre nous (1); et l'on a la presque certitude que ce libelliste est encouragé par tout ce qui compose l'administration.

Un pareil systême ne pouvoit échapper long-temps au gouvernement français, sans la multitude de soins qui entraînoient son attention en Europe, et sans les dires contradictoires des différens individus employés dans cette partie de nos relations extérieures, qui ajoutoient encore, par leurs variantes, à l'embarras du moment. Tout fut abandonné aux

____

(1) Il se nomme Cobbel, et il écrit sous le nom de Pierre *Porc-Épic.*

passions contraires de quelques hommes , ou
bien au hasard le plus absolu ; et le gouvernement n'entra pour rien dans la conduite de
nos rapports politiques avec cette puissance ,
que pour un sentiment de bienveillance qui ,
lorsqu'il n'est point accompagné d'une vigi-
lance inquiète , dégénère , aux yeux des étrangers , en une débonnaireté dont ils abusent
avec dédain. Cette apathie alla au point que
le citoyen Adet, qui arriva pendant que le
sénat délibéroit sur le traité de Londres , pa-
rut frappé d'étonnement d'apprendre qu'il y
eut un traité avec l'Angleterre sur le tapis.
C'est sans doute au silence absolu du gouvernement à ce sujet, à son départ de Paris ,
qu'il faut attribuer la conduite passive qu'il a
tenue dans une circonstance aussi importante.
Genet avoit donné l'éveil sur les vraies intentions de l'administration ; mais sa conduite ,
ses passions rendirent ses rapports suspects ,
et d'autres passions , intéressées dans un sens
contraire , ont fait des promesses qui n'ont
abouti qu'à prolonger notre sécurité. Dès
qu'une fois le gouvernement constitutionnel
a été établi, et que le Directoire a été ca-
pable de suivre quelque chose à l'extérieur ,
il n'a pu tarder à s'apercevoir combien nous
avions été les jouets de l'Amérique. Le traité
de Londres avoit complètement dessillé les
yeux ; le changement matériel qui s'est ouvertement opéré dans la neutralité des États-
Unis, en vertu de ce traité (1) , a mis le sceau

---

(1) On a notifié au ministre de France , depuis l'é-
change des ratifications , que nous ne jouirions plus

de la duplicité et du mensonge aux assurances, tant de fois réitérées, que le traité ne changeroit rien à l'état des choses qui avoit existé antérieurement à ce traité. Les États - Unis , aux premières nouvelles de notre réveil , ont pris pour des hostilités, la fin de notre longanimité excessive. Le général Washington, voyant la fin de sa carrière politique obscurcie par des nuages qui annonçoient un mécontentement sérieux de la part de la République , a cherché , par une mesure aussi injuste qu'impolitique , à en éviter l'odieux. Il a rappelé M. Monroe qui avoit, à ses yeux , le tort d'être attaché aux principes de notre révolution , et d'être l'ennemi ouvert de l'influence britannique , ainsi que du système que cette influence avoit fait adopter. Il a cru pouvoir rejeter sur M. Monroe , et sur son parti, tout l'odieux de l'état actuel des choses , en l'accusant , pour ainsi dire , de l'avoir amené. Le résultat de cette fausse démarche a été de laisser le Directoire abandonné , sans contre-poids , à ses soupçons : cet événement les a confirmés et augmentés , et nos mesures sont devenues plus décisives. Loin d'expliquer notre conduite , comme il étoit naturel , par le système qu'on avoit jusques - là suivi , on a cherché les moyens de récriminer , et s'il étoit possible d'amener une rupture. Il a été facile d'aigrir le commerce par le spectacle des pertes que nos représailles ont dû lui causer ; et pour

---

de la faculté qui , jusques-là , nous avoit été accordée de vendre dans les ports américains nos prises sur les Anglais.

irriter en même-temps l'esprit du reste de la nation , on lui a fait envisager nos démarches comme la suite d'un système préparé dès long-temps par la France , pour usurper , dans les États-Unis , une influence absolue. Le général Washington avoit ébauché cet épouvantail dans l'adresse qui a précédé sa retraite : M. Adams l'a achevé , et l'a même colorié avec plus de chaleur qu'on ne lui en eût supposé d'abord ; en sorte qu'aujourd'hui on a fait entendre , au commerce américain , que nous voulons le ruiner et lui déclarer la guerre, et au peuple, que nous tendons à asservir son gouvernement.

Le Directoire exécutif , après avoir fait respecter avec vigueur la nation française, et mis nos intérêts à l'abri des coups que lui a portés le gouvernement fédéral , doit ne rien négliger pour détruire ces fausses impressions avec lesquelles on nous auroit bientôt réduits , à Philadelphie , à un rôle indigne de la République ; il doit tracer , à ses agens , une ligne de conduite qui nous mette également à l'abri du soupçon d'une intervention illicite dans les affaires intérieures , et d'une indifférence qui provoque le mépris. Tous les prestiges, dont l'administration entoure notre nom , devront s'évanouir devant cette conduite loyale. Nous avons trop à gagner en nous conciliant l'estime d'une nation chez laquelle l'opinion publique , malgré l'intrigue d'une puissance étrangère , a encore conservé un reste d'indépendance , pour ne pas essayer ce système qui doit , à la longue , triompher des préventions.

Les États-Unis sont assez communément ou trop dépréciés, ou estimés bien au-delà de leur importance. L'une et l'autre manière de voir est le résultat de différens jugemens portés sur les mœurs de la nation. Les uns n'y voient qu'une troupe de juifs occupés à se tromper les uns les autres; ceux-là emportés par un enthousiasme aussi peu fondé, y trouvent, comparativement à l'Europe, des modèles de sagesse et de vertu. Mais ces opinions contraires sont formées sur une base à laquelle l'homme d'état ne doit pas toujours donner une grande importance; les mœurs nationales ne doivent point être une donnée décisive pour juger un peuple. Indépendamment de ce que ces mœurs peuvent avoir de digne d'éloge ou de blâme en Amérique, il est une vérité incontestable à laquelle il faut s'arrêter pour en faire le fondement d'un système envers cette puissance; c'est l'importance à laquelle les États-Unis sont appelés. Cette importance est d'autant plus certaine, que les développemens qui doivent l'amener, ne seront entravés par aucuns des obstacles qui s'y opposeroient, si les États-Unis étoient plus à portée de prendre part aux dissentions de l'Europe. On voudroit vainement attribuer aux circonstances les progrès que les États-Unis ont fait depuis l'adoption de leur nouvelle constitution, époque à laquelle ont commencé les troubles intérieurs de la France et les malheurs de ses colonies. Indépendamment de ces causes accidentelles, les États-Unis, par l'étendue de leur sol, la nature de leur population, son génie et son activité; par la situation de leurs côtes,

sont évidemment appelés à exercer, dans l'A-
mérique septentrionale, une influence considé-
rable. La puissance qui saura se les concilier,
aura dans eux un ami intéressant, et leur neutralité ne devra peut-être pas moins être cour-
tisée que leur alliance.

La France a un intérêt particulier à demeurer unie avec l'Amérique ; c'est moins la situation de ses Antilles qui le lui commande, que
la position de l'Espagne, qui pourroit courir
de grands dangers par les efforts combinés de
l'Angleterre et des Etats-Unis. Quel que soit
l'ascendant que le commerce ait procuré à
l'Angleterre, dans toute l'étendue de ces états,
nous pourrons toujours lutter avec succès
contre les liaisons politiques que cette puissance voudroit établir avec eux. Si on en juge
par l'état actuel du commerce entre les Etats-
Unis et la Grande-Bretagne, on peut croire
que les premiers sont encore une colonie de la
seconde, ou craindre qu'ils ne le deviennent de
nouveau. C'est-là l'opinion qu'a rapporté de
Philadelphie le ministre actuel des relations
extérieures, qui, pour avoir émis cette opinion, a mérité d'indisposer contre lui les par-
tisans de l'Angleterre. Cette manière de voir,
et la franchise avec laquelle elle a été publiée,
fait d'autant plus d'honneur au ministre, qu'on
auroit pu être fondé à lui en supposer une tout
autre, en calculant l'effet des liaisons qu'on
lui a connues aux Etats-Unis. Cependant il
auroit tort, s'il concluoit de-là qu'il faille aban-
donner les Etats-Unis à eux-mêmes, et les
traiter avec ce dédain qu'inspire, de toute nécessité, ce résultat qui n'est pas sans quelque

vérité. Il y a des moyens de s'opposer à cette impulsion que donne aux choses la prépondérance commerciale de l'Angleterre, et même de rivaliser, non sans quelque succès peut-être, avec cette dernière.

Que concluerons-nous de tout ce qui précède ? Que les Etats-Unis et la République sont, à la vérité, dans une position qui doit faire craindre des extrémités. La France surtout a des motifs bien puissans pour tenir aux ressentimens qui font la base de sa conduite dans ces derniers temps. Les Etats-Unis n'ont que des prétextes mendiés et précaires pour appuyer leurs récriminations ; mais les deux peuples sont irrésistiblement attirés l'un vers l'autre par le sentiment des mêmes intérêts, et par la force secrète, mais énergique, des mêmes principes. Ces deux causes de réunion doivent agir avec beaucoup d'efficacité sur les deux cabinets, et tenir en bride, de part et d'autre, les passions et les amour-propres qui tendroient à entraver les rapprochemens. Quelque chaleur que le parti britannique ait mis à ses déclamations dans le Congrès, rendu à la réflexion, interrogé dans le silence des haines politiques qui l'agitent, il doit voir, pour peu qu'il lui reste de sentiment national, que l'Angleterre ne peut avoir avec les Etats-Unis un intérêt identique ; que tôt ou tard son ascendant funeste leur dicteroit des lois ; que l'Amérique, loin d'avoir quelqu'avantage à diminuer l'énergie des contre-poids que nous opposons à la prépotence maritime de l'Angleterre, doit, au contraire, désirer de nous voir lutter avec quelque succès contre cette rivale de tout ce

qui

qui prospère. Nous, de notre côté, nous avons un grand intérêt à favoriser les développemens maritimes de l'Amérique pour diminuer la puissance anglaise, en lui ôtant tout ce qui ne vient point de son propre fonds. Les Etats-Unis n'ont plus rien à désirer sous le rapport de territoire ; l'appas trompeur que pourroit leur présenter l'Angleterre, en leur promettant nos dépouilles, ou celles de l'Espagne, leur seroit funeste dans ses résultats, quel que fut le succès de la combinaison que cet attrait pourroit déterminer. Tout leur commande donc de négocier franchement et de se rapprocher de nous. Que M. Adams sur-tout se pénètre de la grandeur du rôle qu'il est appelé à jouer ; qu'il oublie de petites haines que les années doivent avoir attiédies, et que sa position ne lui permet plus d'écouter. Le président des Etats-Unis ne doit point venger les injures imaginaires qu'a pu recevoir le plénipotentiaire américain en 1782 ; il ne s'agit plus de rappeler de petites rivalités qui sont aujourd'hui sans objet, depuis que les contemporains sont descendus dans la tombe. Quoi qu'on dise de son caractère et de son inimitié pour nous, nous avons tout à espérer de la rectitude de son jugement ; mais qu'il éloigne les hommes qui réveilleront sans cesse dans son cœur le feu des passions qu'il leur importe d'éterniser ; qu'il prenne lui-même la plume, et qu'il rédige les instructions de ses commissaires : s'il abandonne cette tâche à la main qui a tracé le manifeste du 16 janvier, il risque imprudemment les plus grands intérêts de son pays. La République, après avoir forcé toutes les inimitiés à tomber à ses genoux, toutes les neutralités mensongères à des réparations, ne sauroit sacrifier ni sa considération, ni ses trésors quand il s'agira de traiter sur un état de choses qui porte tous les caractères de l'hostilité.

De notre côté, oublions les torts d'une administration dont le chef eût plus de foiblesse que de malveillance ; nos succès nous ont suffisamment vengés de nos ennemis cachés et de nos lâches amis. Sacrifions nos ressentimens, tout justes qu'ils soient, à nos intérêts démontrés ; la crise actuelle, arrêtée à temps, aura produit un effet salutaire : prolongée avec les circonstances qui l'ont accompagnée jusqu'ici, elle consolideroit des souvenirs fâcheux, et deviendroit peut-être le germe d'une haine nationale qui n'auroit aucun des avantages réels ou imaginaires qui font quelquefois envisager ces haines comme un moyen politique.

Les sentimens que je professe furent toujours dans mon cœur ; ils furent la base de ma conduite, tant que je résidai aux Etats-Unis : je suis intimement convaincu qu'ils y seront appréciés quand ils y parviendront, et qu'ils contribueront à dissiper des préventions que des circonstances malheureuses ou des insinuations ennemies auroient pu répandre et fomenter, à mon égard, chez les hommes qui me témoignèrent une estime que je m'honorerai toujours de mériter.

Fructidor, an V.

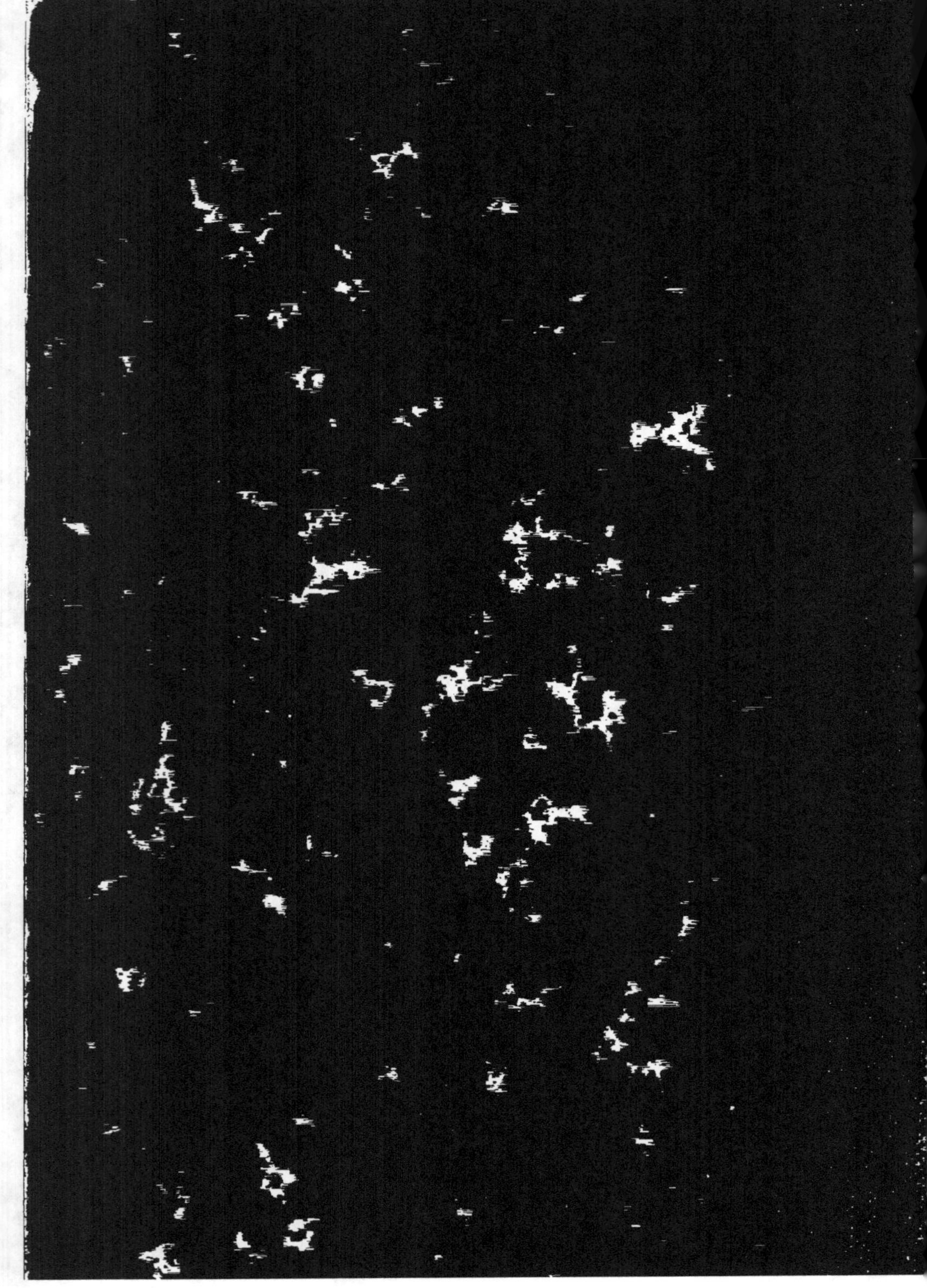